Anita van Saan

Tiere im Garten

Mit Sachinformationen und Tipps für Tierfreunde

Mit Bildern von Christine Henkel

COPPENRATH

Ein Lebensraum für Tiere

Ist es nicht schön, wenn im Garten die Vögel zwitschern? Wenn du zuschauen kannst, wie Igel durchs Gebüsch streifen oder Schmetterlinge von Blüte zu Blüte flattern?

Doch leider eignet sich nicht jeder Garten als Lebensraum für Tiere. In kurz gemähtem Rasen, sauber geharkten Beeten mit exotischen Pflanzen und in stark gedüngten, mit Giften gespritzten Böden finden sie nämlich weder Nahrung noch Unterschlupf. Bietest du ihnen dagegen im Garten Bäume, Hecken, Beerensträucher, Laubhaufen, Reisig und Unkraut-Ecken, kannst du viele Tiere in deinen Garten locken. Was die einzelnen Gartenbewohner brauchen, erfährst du in diesem Buch.

Viel Spaß!

Inhalt

Igel

Gartentipp: Bitte deine Eltern, im Garten keine Gifte einzusetzen.

Nistplatz für Igel

Igel sind nachtaktiv. Tagsüber ziehen sie sich in ihre Versteckplätze, zum Beispiel Laubhaufen, zurück, bauen sich ein kugeliges Schlafnest und schlafen darin.
Ab November rollt sich der Igel in seinem Schlafnest ein und hält bis April Winterschlaf. Zwischen Mai und August kommen in den Nestern Igelbabys zur Welt. Willst du in deinem Garten einen Nistplatz für Igel einrichten?

Du brauchst: Erde, Sand, 1 alten Weidenkorb, Laub und Haferstroh, Äste oder Brombeerranken.

Schütte an einem geschützten Platz zuerst Erde, dann Sand auf. Auf den entstandenen Hügel legst du den umgedrehten Weidenkorb. Wenn du ihn an einer Seite etwas anhebst, kannst du das Innere leicht mit dem Stroh und etwas Laub füllen. Schichte nun noch etwas Erde und Laub auf und um den Korb. Zum Schluss bedeckst du alles mit Ästen oder Brombeerranken. Der Haufen sollte insgesamt einen Durchmesser von 1–2 m und eine Höhe von 1–1,5 m haben.

Marienkäfer

Gartentipp: Bitte deine Eltern, im Garten keine giftigen Insektenvertilgungsmittel einzusetzen, denn sie vertreiben auch die nützlichen Marienkäfer!

Winterhotel für Marienkäfer

Marienkäfer und ihre Larven fressen hauptsächlich Blatt- oder Schildläuse und zählen daher im Garten zu den Nützlingen. Sie vermehren sich meist zweimal im Jahr. Käfer, die im Sommer schlüpfen, suchen sich im Spätherbst ein Plätzchen zur Überwinterung. Willst du ein Winterhotel für Marienkäfer einrichten?

Du brauchst: Äste (Reisig), Laub, Steine, abgestorbene Zweige oder Holzscheite.

Verteile im Garten kleine Stein-, Reisig- und Laubhaufen und lasse an einzelnen Stellen Holzscheite oder anderes abgestorbenes Holz liegen. Ab Ende April kannst du nachschauen, wer in deinen Quartieren überwintert hat.

Eichhörnchen

Gartentipp: Achte darauf, dass Regentonnen im Garten verschlossen sind, denn viele Eichhörnchen ertrinken darin.

Futterplatz für Eichhörnchen

Im Herbst sammeln Eichhörnchen Nüsse, Beeren, Samen und vergraben sie als Wintervorrat am Fuß von Bäumen. Willst du Eichhörnchen in deinen Garten locken?

Du brauchst:
1 Schälchen, gefüllt mit Hasel- und Walnüssen.

Stelle das Schälchen mit den Nüssen an einem Platz auf, an dem sich das Eichhörnchen unbeobachtet fühlt. Mit etwas Glück kannst du schon bald Eichhörnchen entdecken.

Tagpfauenauge

Gartentipp: Lass an einigen Stellen Brennnesseln stehen als Futterquelle für die Raupen.

Von der Raupe zum Schmetterling

Möchtest du die Entwicklung von der Raupe zum Schmetterling beobachten? Das Tagpfauenauge ist ein Schmetterling, den du auch im Garten beobachten kannst.

Du brauchst: Schere, Musselin, 1 großes Einmachglas, Küchenkrepp, 1 Wassersprühflasche, Brennnesseln, Raupen des Tagpfauenauges und 1 Gummiband.

Schneide den Musselin so zu, dass er die Glasöffnung gut bedeckt. Lege das Glas mit Küchenkrepp aus und befeuchte es mit Wasser aus der Sprühflasche. Lege Brennnesselzweige in das Glas und setze die Raupen vorsichtig darauf. Lege den luftdurchlässigen Stoff über das Glas und fixiere ihn mit einem Gummiband. Wenn die Blätter verwelkt sind, musst du sie, solange die Raupe sich noch nicht verpuppt hat, durch frische ersetzen.

Was passiert? Die Raupen werden sich von den Blättern ernähren, wachsen, sich verpuppen und schließlich in flugfähige Tagfalter verwandeln. Ist die Puppe etwa zwei Wochen alt, schlüpft der Falter, den du dann draußen im Garten freilässt.

Gartenhummel

In den kleinen „Wachstöpfen“ legt die Königin die Eier ab. Auch Vorräte werden hier aufbewahrt.

Gartentipp: Um Wildbienen in den Garten zu locken, sollte man Glockenblumen und Lungenkraut anpflanzen. Die Nachtviole (Hesperis matronalis) lockt abends mit ihrem veilchenartigen Duft Hummeln, Bienen und Tagfalter an.

Hummel-Nistplatz

Ein Hummelnest liegt auf oder in der Erde, aber auch in verlassenen Vogelnestern oder in Gebäuden. Willst du im Garten einen Hummel-Nistplatz einrichten?

Du brauchst: Sägemehl, 1 kleinen Blumentopf mit Loch am Boden, 4 kleine Steine oder Holzklötze, 1 Platte (aus Holz oder Plastik).

Suche zuerst ein sonniges Plätzchen, am besten in der Nähe blühender Pflanzen und nicht zu nah an der Terrasse. Grabe dort im Frühsommer ein Loch in die Erde und bedecke den Boden des Lochs mit Sägemehl. Stelle nun den Blumentopf mit der Öffnung nach unten hinein. Bedecke den Blumentopf seitlich wieder mit Erde, sodass er ebenerdig eingegraben ist. Lege vier Steine (oder Holzklötze) um den Blumentopf und die Holzplatte als „Dach" auf die Steine bzw. Holzklötze, sodass der Topf vor Regen geschützt ist.

Was passiert? In wenigen Tagen oder Wochen werden Hummeln oder andere Wildbienen herbeifliegen und sich in dem Erdloch ein Nest bauen.

Grasfrosch

Gartentipp: Um feuchte Versteckplätze im Garten zu bieten, schichtest du an schattigen, feuchten Stellen im Garten Natursteine auf.

Frosch-Versteck

Befindet sich in eurem Garten ein Gartenteich? Dann siedelt sich dort vielleicht der Grasfrosch an. Im Sommer freut er sich über Versteckplätze im Garten, im Winter über einen frostsicheren Unterschlupf.

Du brauchst:
dicke und dünnere Äste, Laub, Brombeerranken.

Suche ein geschütztes Plätzchen aus, das sich als Winterquartier eignet. Schichte dort zuerst dickere Äste auf, um darunter Hohlräume zu schaffen. Lege dann dünnere Zweige darauf und decke sie mit Laub ab. Schichte so mehrere Lagen auf, bis ein Haufen mit einem Durchmesser von 1–2 m und einer Höhe von 1–1,5 m entsteht. Die letzte Schicht sollte aus Zweigen oder Brombeerranken bestehen, die das Laub zusammenhalten.

Hain-Bänderschnecke

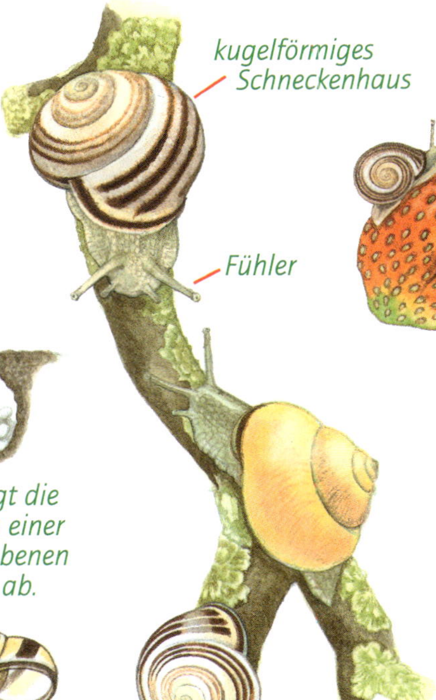

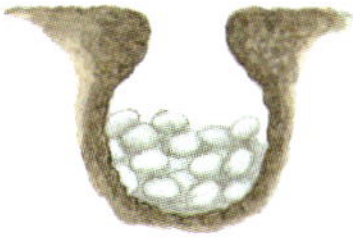

Ihre Eier legt die Schnecke in einer selbst gegrabenen Erdhöhle ab.

Schneckenhaus

Gartentipp: Schnecken fressen am liebsten grüne Blätter. Damit sich die Tierchen nicht zu stark vermehren, solltest du dafür sorgen, dass Tiere wie Elstern, Drosseln, Maulwürfe, Frösche, Kröten, Mäuse und Igel im Garten Unterschlupf finden.

Schnecken entdecken

Viele Schneckenarten sind nachtaktiv. Reagieren Schnecken tatsächlich auf Licht? Finde es heraus!

Du brauchst: 1 Plastikschüssel, Sand, Gras, Blätter und Zweige, 1 Sprühflasche, 1 Stück feste Pappe (als Dach), 1 Schnecke mit Gehäuse (z. B. Hain-Bänderschnecke), 1 Taschenlampe.

Lege die Schüssel mit Sand, Gras, Blättern und Zweigen aus und befeuchte alles mit der Wassersprühflasche. Bedecke das „Terrarium" zur Hälfte mit einem Dach aus Pappe. Setze die Schnecke in die unbeschattete Hälfte und leuchte sie an.

Was passiert? Die Schnecke versucht, dem Licht auszuweichen und in die dunklen Bereiche zu kriechen.

Warum? Schnecken versuchen, Licht und Sonne zu meiden, denn zu viel Wärme trocknet ihren feuchten Körper aus.

Kohlmeise

Gartentipp: Vogelhäuschen und Futterstellen müssen regelmäßig gereinigt werden. Lege sie am besten mit einer abwaschbaren Folie aus, dann lassen sich alte Futterreste leichter entfernen. Danach Hände waschen nicht vergessen!

Selbst gemachte Meisenringe

Kohlmeisen fressen hauptsächlich Insekten und Spinnentiere. Im Winter freuen sie sich über Erdnüsse oder Sonnenblumenkerne im Futterhäuschen. Meisenringe lieben sie ganz besonders.

Du brauchst: 250 g Rindertalg (beim Metzger erhältlich), 3 EL Speiseöl, Topf, 500 g Körner-Samenmischung (z. B. Sonnenblumenkerne, Hanfsamen, Getreideflocken, Nussstücke, Rosinen), dünne, aber feste Schnur.

Bitte einen Erwachsenen, Talg und Öl in einem Kochtopf zu erhitzen und die Samenmischung unterzurühren. Ist die Masse abgekühlt, rührst du sie noch einmal um. Nun kannst du mit der Hand Meisenringe oder -knödel formen oder Ausstechformen damit füllen. Am besten gleich eine Schnur durch die noch weichen Ringe, Knödel oder Formen ziehen. Ist die Masse ganz erkaltet, entfernst du die Ausstechformen und hängst das Futter draußen im Garten mit der Schnur an Äste oder Zweige.

Regenwurm

Der Körper des Regenwurms besteht aus vielen kleinen Gliedern.

Ein Regenwurm zieht ein Blatt in die Erde. Dort lässt er es verrotten, um es später zu fressen.

Kopfende des Regenwurms

Gartentipp: Setze die Regenwürmer, die du in deiner „Wurmfarm" hältst, später wieder in ein Beet.

Festmahl für Regenwürmer

Regenwürmer sind nützliche Tiere, die den Boden im Garten auflockern und belüften. Was fressen sie? Finde es heraus!

Du brauchst: 1 großes Marmeladenglas, dunkle Gartenerde, helle lehmige Erde, Sand, Kompost, Bananenstückchen, Regenwürmer, altes Küchenhandtuch, Sprühflasche.

Zuerst füllst du das Glas mit wenig Sand, dann mit heller und dunkler Erde und zum Schluss mit Kompost. Befeuchte die Erde mit der Sprühflasche und setze 1–3 Würmer hinein. Lege die Bananenstückchen auf die Oberfläche. Decke das Glas mit einem Tuch ab. Lüfte es nur, um die Regenwürmer zu beobachten. Halte die Erde feucht, aber nicht nass!

Was passiert? Die Würmer wühlen die Bodenschichten auf und die Bananenstückchen verschwinden.

Warum? Wenn die Würmer den Boden durchmischen, gelangen die Bananenstücke von oben in die Tiefe.

Gartenkreuzspinne

Gartentipp: Spinnen zählen im Garten zu den Nützlingen, denn sie vertilgen lästige Plagegeister, z. B. Mücken, und andere Schadinsekten.

Netze aufspüren

Kreuzspinnen haben Spinndrüsen und Spinnwarzen am Hinterleib. Mit der aus den Spinnwarzen tretenden klebrigen Spinnseide können sie große, kreisrunde Radnetze bauen, in denen sich Beutetiere, z. B. Mücken und andere kleine Insekten, verfangen. Willst du die Netze der Spinnen aufspüren und sichtbar machen?

Du brauchst: 1 Nylonstrumpf, mit Mehl gefüllt, oder 1 Wassersprühflasche.

Im Gebüsch und an Stellen, an denen Wildblumen und Unkräuter wachsen, klopfst du vorsichtig auf den Strumpf und stäubst so Mehl über die Pflanzen. Das Mehl macht alle Spinnennetze sichtbar. Du kannst es auch mit einem feinen Wassernebel versuchen, den du mit der Sprühflasche über die Netze sprühst. Versuche, ein Netz abzumalen oder die Spinnen beim Beutefang zu beobachten.

So wird dein Garten tierfreundlich

Pflanze ausschließlich **einheimische Pflanzen,** denn exotische Pflanzen, die aus anderen Ländern stammen, werden von der einheimischen Tierwelt als Nahrungsplatz oder Unterschlupf nicht angenommen.

Verwende keine **Unkraut- oder Moosvertilgungsmittel** oder chemische Mittel zur Bekämpfung von Schnecken oder Schadinsekten. Die Gifte bleiben nämlich lange im Boden und reichern sich im Körper von Vögeln oder anderen Tieren an, die dadurch krank werden oder sterben.

Decke Regentonnen ab, damit Tiere, zum Beispiel Katzen oder Eichhörnchen, darin nicht ertrinken können.

Lege ein **Brett als Ausstiegshilfe** in Kellerschächte, damit sie nicht zur Todesfalle für Kleintiere wie Frösche und Kröten werden.